辛鬱著

文學叢刊

辛鬱四書

演出的我

文史哲出版社印行

國家圖書館出版品預行編目資料

演出的我 / 辛鬱著. -- 初版. -- 臺北市 : 文史哲, 民 92
面; 公分. - -（辛鬱四書）(文學叢刊 ;154)
ISBN 957-549-518-7 (平裝)

851.486 92011654

文學叢刊 ⑭

辛鬱四書 演出的我

著者：辛鬱
出版者：文史哲出版社
http://www.lapen.com.tw
登記證字號：行政院新聞局版臺業字五三三七號
發行人：彭正雄
發行所：文史哲出版社
印刷者：文史哲出版社
臺北市羅斯福路一段七十二巷四號
郵政劃撥帳號：一六一八〇一七五
電話886-2-23511028・傳真886-2-23965656

實價新臺幣 二四〇元

中華民國九十二年(2003) 七月初版

ISBN 957-549-518-7

寫在前頭

我生來不是一個寫作人，結果卻以寫詩、小說、雜文甚至廣播劇本、電視劇本過了大半輩子。

這要感謝我生長的環境，以及大環境中相知相交的眾多朋友，當然，對我親愛的家人更要感謝。

不論詩、小說、雜文，我的關心面一直是人、人群，與人群活動中被我看到的各種現象，以及我的能力所能追索出來的形成各種現象的原因。所以，我的作品都是些「小我」產物；但沒有「小我」，又那來「大我」呢？

四書中，「龍變」寫的是沙牧、我、楚戈、商禽等這群在藝文圈裡玩「現代」的朋友，在某一時段的狀況，有點模糊，那是因為那個時代本身也是游移、不確定的。

「鏡子」書中有很多人物，都在社會基層，他們的形象也是有點模糊的。

「找鑰匙」是我五十年寫作生涯一直堅持的原則，所以，集中所選的作品，寫得好壞不說，至少都是「言之有物」的。

「演出的我」更坦白的呈現心聲，這些作品選自我的四本詩集，要說明的是，在「辛鬱世紀詩選」選入的作品，此書都不選，所以，不見了「豹」，也不見「順興茶館所見」。另外，我從一九九六年迄今的詩作，將另編一本詩集找地方出版。

辛鬱　二〇〇三年六月於台北市

演出的我　目錄

演出的我

第一齣

(一)
噹！
又是一記單調的鑼聲

化為羽
　為絮　或化為塵
為灰　或化為氣的一種
以全部的快樂
　所有的歡笑
　或以整個的痛苦
迎向一片
開展的　蔚藍的

迫降而來的
天空
在一個
夢中的　我
　　就這樣去了

(二)

就這樣去了
夢中的
我在一個
似曾相識的處所
讀那些山光
　水色
讀自己的成長
　如讀
一粒麥子的

萌芽

而　有雨驟降
　經眼又經心的
雨　不讓我去讀
那走來走去
自囚於地面一角的
這一個
　欲作狼嗥的
男子　心中咀嚼著什麼
就這樣開始　著裝
漱洗與就食
在屬於你的他的
也屬於我的
舞台上

第二齣

㈠

我曾是翠玉一方
透瑒晶瑩
在我父我母的眼中

類似你　或他
我自那奇妙的泉淵中來
被煉以父精
　　母血
　　　如一首詩的
完成
生命的最初
承受著太多愛意
而我不識淚的滋味

不辨血的腥澀
在我父我母的田畝
我是芽　不
我是一顆高懸天際
尚未運轉的
星辰

㈡
日出東海
一年復一年
煙塵迷霧中
鄉關已遠
我的身軀被裹以
一重又一重羅網
多少歲月的
彈痕　植在我體外

心內
攬鏡自照
我非詩的生命已不是
翠玉一方
於是我開始辨識
　　我母的淚
　　我父的血
演出我自己

(三)

演著　一幕又一幕
在無邊的劇場
許許多多角色中
噹　又是一記單調的鑼聲

第三齣

㈠
誰的手撥我
降我為一粒
　　算盤珠子

以錦絲的年華
織我　妻呵
請允我潺潺而歌
成為秋露的一滴
或成為一絲春雨
妻呵　請容我展開
在妳的豐壤耕作
植出明日的
富麗

栓我以不見形的柔情
萬縷　妳設下檻柵
飼我為一匹
　小小的
　可親的
　獸

(二)
吼不出叢林的蒼莽
小小的獸馱著
歲月的犂
俯身而行
偶而望著雲天的
崇高　輕輕咳出
淡如煙流的一聲
一聲呼叫

像你像他
我們唸著無聲的
臺詞　在檻柵內
等待那一記
殘酷的鑼聲
噹！當頭壓落

妻呵
請放長妳手中的索
讓我演出
　　我自己

第四韵

㈠
而現在我要為星星展喉
歌它們在億眾之中
那自得的閃爍
我也為風為土壤而歌
因風的奔馳一無牽葛
而土壤的坦然非我所能理解

也允我為一杯香片
為一日的三餐而歌吧
在我感覺著生之沉潛的
時日　它們給予我太多太多的
慰藉

然後我歌唱自己
以怎麼也昂揚不起來的
濁濁的聲音

(二)

就這樣歌著
時代　生活及其他種種
我是一個次等的演員
守望著幕落

第五齣

(一)

篩著
用看厭了市招的眼去篩
篩西門町的落日

遠而又遠的山
已擺不出
夫子的姿態
它軟軟　軟軟地
沉在一片渾黃中
與塵與煙也與我
一般
篩落日在
累得微喘的陸橋上

我的眼盛載著
太多茫然

(二)
現在我走向返家的路
三號車　不
乘十五號車也可以
也可以變自己為一尾魚
帶些兒腥味返家
與妻調製的排骨湯同嚐

而那些臉
被整個白晝註以呆滯的
臉　是否將在——
在夜的撫慰下
煥發　我是魚
無言以對

㈢

妻的連續劇
我的晚報
兒子的玩偶
調和著二月十八日的夜
而所謂氣氛
還是讓那些來得太早的
飛得很軟弱的蚊子們去製造吧

我睏欲眠
但願無夢
無夢的夜孕生
絢麗的明日　也許
也許明日
我會喜愛西門町的　落日

第六齣

一
路划來
人海中我雙漿的皮筏
　　　　　　載沉載浮
陸橋橫臥的大道
默默忍受
六月午陽的施暴

划　再划
這兒是西門鬧區
一些漢子與娘們剔著牙
　　　　　　打著飽嗝
而另一些正步入餐室
我放牧我的眼在他們膩膩的
臉上　閱讀一頁頁

季節的煩躁
划　我皮筏的雙槳划著
不知該划向何處
偶抬頭
只見那廣告汽球　孤零地
側向天空的一頭

六十自吟

——給影子

絕非因為一甲子的虛無
我請你喝這一杯
烏有之水
純度百分之五九
僅僅只差那百分之一
你連唇都未濕
卻已醺醺然
唱起了大江東去
而我唱著蓮花落
或唱著夜半無眠
六十了啊　這嗓門
我不能不承認

是蒼茫了些
醉了也好　也罷
輕飄飄的在榻上棄我
獨臥
怎奈　那苦短的髮
在情長的那些年
早已　為混沌的世道
搔盡

夢

一匹夢
揚蹄而起
卻找不著宿處

不眠的男子
讀著月下
一排樹的軀體
閉目幻見　一波波
蛇樣的身段
而後　將日間的煩懨
揉入　一聲呵欠中

景象

——臺大醫院七二九病房所見

還是讓牆去做那殘酷的隔絕的工作吧

(一)

晴明如斯　熱度穿過平伸的屋簷
進入睡鄉
那是半月形的日午
曾被粉刷與未曾粉刷的意念
魚躍與鉛沉的思想
恒有清脆冷冽之聲
寓居於沿牆而下的空間
而牆的蒼白猶有焦枯的氣息

你臥著
一叢蘆葦搖響深秋的悲歌
自你的肺腑
你將如何展開你生的驕傲
猶之風中果樹的歌唱
俯身向你
　那些明媚的清晨
　華麗或倦怠的日午
　黃昏　俱在你的髮茨間會合
你是誰　是誰坐落在歲月的馬鞍
將時間的金屑拋灑

(二)
沿牆而下
拋物線在你眼中成為纏身的藤蔓
因為莖不再垂直

衰頹的石柱
你的日子是一條赤裸的河床
一切告示便在如此明澈的呈現中完成

可是風依然吹送
陽光依然凜然地敘述
靜寂中你的根鬚依然在尋覓
它的土壤　你的葉仰及
天體的崇高與壯闊

你臥著
生命奧義的陀螺已不再
漫無方向的盤旋
只有　斷斷續續的水流
那條河

（赤裸的河床哦）

在經歷雨季與酷暑之後
便緩緩告退

(三)
衰頹的石柱
深陷的土地你的莖不再垂直
不再仰及
空氣中清涼或灼熱的滲透
　那水的柔情火的爆烈
去了　因為頭額已不再開展
生的驕傲
衰頹的石柱　在深秋
我看見你的死亡是
黃金的溶解

而牆哦　牆哦
為何它永遠做著殘酷的
隔絕的工作

杜貝之死

誰引頸張望
誰居高臨下
誰穿誰的鞋
誰喝誰的血
左邊的一口枯井
右邊的一堆斷枝
上邊的月亮成三角形
下邊的泥土長滿爛疥
是我的眼斜了
　還是你的
啊杜貝

槍聲響處豈僅是湄公河畔
豈僅是一丁點兒悲哀像碎肉粒
啊杜貝當你倒下
你的牙齒咬著多少位慈母的心

做什麼也不做那廚師
　不做那裁縫
　也不做司機
我要叫有肚臍的那些東西
讓一片陰影來餵飽他們
叫那些胸膛赤裸
給風的利爪來切割
無依靠的靈魂的形相
我要叫道路凍結
讓那些生命無有歸向
啊杜貝　誰曾為你命名

我將不在記憶中喚你
猶似你再不聽我的吟唱

杜貝　花瓶了的杜貝
無花的日子你如此走過
在我的身上你烙下
無所謂完美也無所謂殘缺的
一片痕跡
就只那種碎裂的聲音
啊杜貝杜貝……

題註：杜貝，不知何許人，也不知生於何年，在「越戰」中他死了；在這裏我寫的是對於他的死亡的一種個人的感受。

桑吉巴獅子

牙床痳木
舌頭上叢林的氣息
來自夢中
如許陌生的呼聲
闖入耳穴
而我仍繞樹三匝
只為了一個塞在喉間的飽嗝

我仍繞樹　繞第四匝
爾後我與曼儂做那種遊戲
爾後我啃食牛脯
爾後我繞樹

置荒原在我身後
棄大風在我頭頂

灰歸灰　土歸土
我是一匹桑吉巴獅子
在叫做國立公園的地方
歸於文明

我的兄弟汝寧打盹著
禿鷲在很低的天空盤旋
出走的沼澤在大地深處
而他們人類在我身旁
以及槍以及他們人類的眼色
　一片狂燃而竄行的
火

繞樹
然後在飽嗝自喉間滑出之後
咬那塊牛脯
做那種遊戲

而他們人類能滿足這些嗎
我與我兄弟互視
天空那端似不在而又似在的
一團黑雲

註：桑吉巴為非洲一盛產獅子的地方。

台北記事

無須結繩
我用詩記台北之事
從辛亥路七段以降
進城路寬窄不一
有沒有座位無關緊要
要緊的是　在公車上
抓牢吊環　保持冷靜
才可以放縱心眼
想像　一齣齣鬧劇
在這座城的每個地方
演出
如同看一棵棵街樹

在季節的遞變裏
先是緩緩繼而徐徐最後速速的落盡
每一片葉子　或者
在濃濁的煙塵中再現生機

從辛亥路七段以降
無關革不革誰的命
也不涉風月
我冷靜的抓牢吊環
讀著車窗外
台北的片段
越讀　越不解

青　空

(一)

信仰的七色高高在上
這夜晚誰的鞋浮起如一葉孤舟
誰的門楣一束水草懸空地生長
我游近一片我喜愛的水中
兩岸繁榮與衰頹併立
吃吃笑聲自窗際溢流
我必須力爭上游
為你曾呼喊我名
曾植我於此
在你眼中　我不是贗品
你注目我
我便走進你內裏

為一種建設的完美我割棄
身影在街市之谷
猶之鳳凰自焚於異鄉林野
灰飛了昨昔
如今我體內空乏如冬日田畝

(二)

片刻之後
昏庸再次立足於我額
我撫腹如鼓
音響君臨每一片葉每一支脈胳
華麗展出千百張臉孔
諧穆傷心地哭泣
水氣瀰漫中坐著造作的嬌柔

月光裱褙街市以一種陰森的綠

猶之冥器賦予榮耀的喪曲以冷齒
美目連連流盼
寄情於寶石映照次一時辰的歡欣
而純然隱遁
謊言穿透虛設的屏障
凜凜然傲睨那一片孤高行雲

天色尚早
時針在密密繩圈的內層掙扎
一件件屍衣落地無聲
滑石粉在跳躍的步履間盤旋
沉默是一種奢侈
當一曲終了
眾生之唇便一一噘起
為著膚髮的糾纏
他們在夜的側面塗一層更濃的黑

我游著
這是條滿是水草與石卵的河
紅綠相間的景致投影於其上
暴響的浪潮拍擊
謎樣的明日之壘
我必須力爭上游
水漩中我是只開放一夜的花

(三)
逆流而上
誰說我的泳姿是一 次背叛
我游著
為你曾呼喊我名
以你的清澈為我加冕

游近一片喜愛的水中
在偉大的死亡與卑微的喘息之間
我曾敵住千百次傾覆
為迎著你的垂降
我用虔敬之力扭斷腰際的鐵索
猶之果核以膨漲的喜悅突破泥土
如許猛利的願望
經過你的巨睛與一切現象共存

哦青空
如今我不再落荒而去
再沒有一季苦旱歇宿我心
萬鐘齊鳴　在嘹喨的迴響中我將
為你壯闊的波瀾服役

趙錢孫李如是觀

不祥的是十三
　我們知道
用來進食與接吻的是嘴
　我們知道
蓬頭散髮與油頭粉面不是一回事
　我們知道
誰來晚餐
　我們不知道
什麼是必然的歸趨
　我們不知道
河上漂著的浮萍將漂向何方
　我們不知道

我們知道
　一塊錢加一塊錢等於兩塊錢
我們知道
　淤泥會使腳陷落
我們知道
　血不是酒
我們不知道
　靈魂的長相是不是悅目
我們不知道
　人究竟是什麼生物
我們不知道
　基督曾帶走什麼

東風吹　南風吹
西風吹　北風吹
月沉後日出

雪溶後山青　花謝後蜂去蝶亡
而風仍拂面　風仍扯起我們的
衣角　我們便問風
你催促什麼？

我們知道　釀蜜應趁青春在
而不知道的是我們在忙些什麼
也許　也許有下一次月沉
　　　下一次雪溶
　　　下一次花謝
　　　也許有一日
我們會發現我們額頭的 墳場
記憶的葉脈黃熟了起來
在眼角
當我們伸手觸及的
片片茫然……

風

下陸橋轉入漢中街
還不及喘過氣來
撲翅而來的你
便在我的髮上打起旋
人入中年的髮
稀稀落落　秋野的小草
一樣弱　偎在已不肥沃的
頭頂　有些兒孤單
原本這已不是可喟嘆的
題材，因為人總究要走下
或者走上，那些臺階
只是你寄身都市

在屋宇間起落
倒令我為你抱屈
你這野性的
不曾對我懷過惡意的
風

馬

白日的疲憊
掩著一個夢
我是個不善策繮的
騎者　妄想擂擂那
大地之鼓　我勒緊我的
四肢　跌倒了爬起
爬起又跌倒
在跌倒與爬起之間
從不曾聞過　青青草色的滋味
我不善騎
連雙輪單車也不會
何況是歲月　這脫繮的
馬

金甲蟲

打右首飛來一隻
金甲蟲
打左首飛來一隻
金甲蟲
前前後後飛著的
金甲蟲
帶著尖銳的鳴叫
使生的痛楚
成為永恆
時間的金甲蟲
密密麻麻的飛來
嚙蝕著生的綺麗
一點也不留情

仰著的臉三重奏

一、他唱

真夠邪氣　這日子
薄如日曆紙那麼輕輕一撕
聽不見叫痛的聲音
炎炎熱流是一爐火
這座落盆地的城市是爐子

他走在大街上尋找
怎麼還不見樹葉落下
秋風中黃熟的喜悅
還沒有印上人們的臉

這時刻只見焦燥
扭曲了人的五官

走著走著這小子
總是那樣的落寞
腳後拖著千斤的鉛塊
不！那重重心事尚未過磅
他究竟尋找什麼
　一杯冰鎮酸梅湯
　一盆澆頭的冷水
他自己也不知道

昨夜他仍然無夢
木屋的四壁張掛著
一張又一張熟識的臉
這臉在回憶中一煮再煮

卻不能充饑解渴
比哭還鋒利
臉上的笑意是匕首
割著刺著他貧血的心

不記得早上吃些什麼
也許是一張薄餅
他喜歡把夢見的什麼揉揉搓搓
做成一張張薄餅
吃著吃著夢製的薄餅
咿荷咿荷唱起了無言的歌
現在他終於明白
他在尋找一個適於眺望的方位

他望什麼呢
不唱也罷

二、你唱

攬鏡時
你又一次驚心於
一簇簇非流質的白
歲月的容顏標立
你遂把項頸彎成
一個便於張望的角度

向上　四十五度
豈祇是量的負荷
多麼飄渺啊
這心意
再不是密織的布帘
透著風　透著光
生命的熱度散失

你有了刺骨的寒意
向上　四十五度
傾斜的天空有雲緩步
在雲中你望見什麼

三、我唱

請不要祇給我
一勺水的喜悅
盆景了的我植在
這城的一角
多麼渴望有風自東南吹起
揚葉如帆

一切的操作請暫時停止吧
叫賣聲請留在口腔

我請你們來靜靜的聽
風的步聲

請仰起你們的臉
看風起東南
雲湧長天
樹葉的綠波輕揚
送來了清香

有風自東南吹起
盆景了的我仰著臉
多渴望揚葉如帆

我們是——

我們不是絕緣體
我們不是分光儀

我們是一枚非金屬的錢幣
我們是一種奇妙的賭具

誰也看不見我們的一雙手
曾經抓住過什麼
　我們是漂著的
一次又一次淺擱過的
一類動物
我們是一叢植物

在反芻過程中
我們被慢慢嚼碎
沒有人能看見我們曾經綠過

我們在直立的時候也做著夢
當我們臥下
我們卻睜著眼
看那根本不在而又無所不在的
所謂人生

在翹翹板的兩端我們眨著眼
看了又看　我們的一隻腳灌著鉛水
一隻手始終喚不來那些飛鳥
而當光從我們身上隱退
我們便搶著進入卵中
去喝一杯不叫什麼的液體

——我們的血
吃一碗吃不盡的苦食
——綽號叫做「太虛」的東西

我們不知道
何時我們再變成嬰兒
或是嬰兒會變成我們
我們抵著嘴
我們合著掌
我們仰著臉
卻聽不見星子殞落的聲音

我們不是分光儀
我們不是絕緣體

秋深有痕

夜讀月牙嚙樹尖
落葉滿院
始感悟　秋深有痕

秋歌

檻褸坐在
馴服的樹梢以其慣常的姿態
葉子在一雙倦眼映出
衰亡的跡象
灰色氣流穿過溫濕的大地
抵達　滿是石卵的
心的河床
天游走在搖擺的頭額上
雲霧宿於
逝水的盡頭　在
那麼飄忽的處所

隱祕的處所

好長好長的一條路
病著　而歲月清醒
它剝食著
它的澀果

秋
豐腴過後你瘦削的身影
是一件衫上掉落的
一粒鈕釦

心事速寫

在景美溪的一個小游渦裡
有我的一段心事
被染以灰色
因為它太重　而
快速地沉了下去

然后我走上道南橋
那頭突起的一堆鋼筋鐵骨
將一片天空切為兩半
我的心事也分裂為二
一端是我的
另一端　如果你要

也可以是你的

再往前走幾步
是政大校門
幾只流浪狗在那兒玩
不知道它們的快樂
能不能量化　時入中午
我的心事熱起來
走下去便到了台北市邊緣
賣茶的鋪子一家挨一家
我把心事泡在茶湯裡
頃刻間
它亮起美麗的黃昏色
恰似我這般歲數

影子出走

那天夜裏　三巡酒過
一個念頭從一盤辣子雞丁
竄起　（我吃著自己）
而我是既不雄赳
　　亦不氣昂
更不會司晨的
年過六十肖雞的漢子
啊　叫辛鬱太沉重
的確沉重　為的是
在這漢子的背上
駝著些　黃皮膚的暖昧

駝著年輪過處
滿眼的荒瘠

三巡酒後我忍住
一個念頭竄起
讓久蓄心中的歌
在熄燈就寢之後
隨著自己的影子
出走

黑帖

——給戰神

一座雕像冷然笑出聲

視野之極　流質的火旋起
水被擊殺
而豐盈屬於遍歷人境的神明

在煮食鋼鐵之後
大地血紅的顏面
為鼠們利齒所噬
黑死的靈魂互擁
被天的喪服所覆

父親的控訴與母親的哀泣
已不等於人性的昇華
無所謂感恩或不感恩
那隻孑然振翼的兀鷹
已不識樹的形狀

漢子　還要用多少個胸脯始能堵住
疾流的血
當霹靂在耳中
歲月之聲仍叮噹
惟你唱出的歌卻呈黑色

願以雕像的無感嚒
或冷然笑著
漢子　你當知你是一幅黑簾
無風之時也飄著
非人的腥臭

流浪者之歌

太陽從不是我的棉被
地不是我的床
我曾啃食鐵檻在你們看不見的深夜
在無底的洞穴我曾嘔吐一隻鞋子在白晝的際遇

窗子開著因為它是窗子要開著
海不過是慵慵欲睡的盆景
樹生殖樹而樹不是人
哦人哦人是一條草繩那樣的東西

絞架說的話只有刀刃聽得懂
刀刃不是為刈割而成為刀刃

月落是一種垂死的標誌
便是人也不能聽見灰飛的聲音

因為東風從不會自南方吹來
路便不會成為河河不會成為路
不會成為　啊
那哭泣永不會成為歡笑

師大路上

新栽的街樹還沒有綠起來
我邊走邊想
也許明春會招來鳥語

每天我都來到師大路
說這是為了營生
不如說是生命的小小歷程

我常常放慢步子
暢心的看那些年輕的臉
閱讀它們的歡欣與憂怨

然後我停在
那座不夠氣派的自強鐘前
想心事

讀報之什

我讀著報
報讀著我
我讀著人類
人類讀著我

我坐著讀報
讀著戰火
我立著讀報
讀著煙燼
我躺著讀報
讀著愛之溺斃
我蹲著讀報

讀著恨之滋生

我讀著我心的激動
在第一版
我讀著我臉的扭曲
在第二版
我讀著我血的沸滾
在第三版
我讀著我手的顫慄
在第四版

我讀著我的兄弟
我讀著我的姊妹
我讀著人類
我竟日讀著
那陌生的日漸疏離的

我的靈魂　問著報紙
我是什麼

讀報的我
讀著我
竟日竟夜地　讀著……

觀山

忽然覺得被我看了將近廿分鐘的對面那座山
竟矮了下來
在十一樓臨窗看山的我
也不知是高了起來
還是什麼其他的不可解釋的因素
我竟也矮了下來
往下看　一輛小轎車後面接著一輛公共汽車
公共汽車後面接著一輛計程車
車陣之後　老遠的地方跑過來喘著氣的冥想
是屬於我的

那麼就飛吧　撲動意念之翼
此刻　我與山等高

時間的精靈

仰臥著
在熄燈之前
非常激動
也許非常冷靜
非常痲木
也許非常殘忍
我用眼睛的箭
企圖將她　釘在牆角

一日最後的光澤
在燈熄之後
死去

唯不知　究竟她是怎樣
灰飛而逝

可是我知道
我曾殺她　我殺她
在有意無意間
且埋她的屍體在
我身心的每一部位

當我感覺那重量
我便將成為
一個空白
輕輕地　浮出……
啊　時間的精靈
催我舉步——

素描

(一)

一碗蓬萊米粥　或
一杯牛奶
一碟醬菜　或
一片土司

也許是豆漿與燒餅油條
也許　是不能說給妻聽的
那個夢　也許為了趕車
就讓肚子空著
　　　　如心的深處
　　　　為某種期待空著

一日的生活就此
　　讀起

㈡

還在品味
妻的叮嚀
想　兒子的學費
　修屋以及電視機的分期付款
　　（到那兒去賺筆外快呢？）
怎麼的　天色突又陰沉
唉唉　多年的風濕痛
纏得自己只剩下枝幹
像　冬日的行道樹
怎麼的　經理的臉色怎又跟天氣

比美　且不聽某同事的婚姻危機
不聽某人昨夜的一手好牌
電話表報　案卷算盤
若一切即是繮繩
也得讓它套上身

唉唉　便當盒內
該不會又是一小塊鹹魚

㈢

打過盹　然後是表報電話
　　　　算盤案卷
然後是看鐘　看鐘之後
順口而出的再見　然後是
讓車廂多裝一條
　　沙丁魚的自己

然後　讀妻臉上的菜青色
讀自己的疲倦
只是　讀不出圍桌而坐的暖意
唉唉　且讀讀兒子的清眉秀目

然後剔牙　聽妻訴説菜價的暴漲
然後看電視　聽——
聽羅大任在説些什麼
　裕隆力克聖米各
什麼　金邊的情勢告急
戰神哪　你怎麼不去睡呢

怎麼不去睡呢
一日的生活只是
日曆紙那麼輕輕一撕味道的
還讀它幹啥！

冬晨之素描

半透明地
這冬日之晨像稀薄的一層乳膠
從時間的黑甕中溢出的液體

火

在全然的黑中
火哦　你燃燒著
我看見你形形色色的臉龐
千變萬化　從一線青綠
到赤紅金黃
剝剝的嘶吼聲
給死寂的夜　帶來靈魂的震顫
你書寫血的象形文字
在大毀滅的背景前
揭露了　鋼鐵的奧秘
把一切化為烏有
燃燒吧　火哦
通過煉獄我將會去到　一片平野

沙牧檔案

(一)

在骨罈的全黑中
你是否還在陣陣呼喊
冷呀冷呀　誰給我一瓶紅露
讓我自黑中釋放
還原為白

這是多麼多麼遙長的
一齣角色混淆的戲哪
從龍的飛天
到一尾鰍的潛入污泥
你始終站不好自己的位置

於是你寄情於那種液體
何必分清濁
更無須理會那泡沫
喝下它的唯一意義就是把它喝下
無所謂淺酌或狂飲

而所謂醉
只不過手舞足蹈
一條打結的舌頭
總是被咬出些血
卻總是不被咬斷
那一根根緊緊纏著
不具形狀
沒有份量
纏得心尖發麻的
被喚做「無聊」的游絲

(二)

默默坐著
在公園一角
看黃昏怎樣溶入
一潭濁水中
你整日的心事只是
今夜又醉臥何處

若問萊陽距此有多遠
你伸出乏力的左臂
指向西天
而隱隱的痛風症纏在腰際
年近六十了呀　能不驚於
落葉一片　一片一片
又一片

你知道　你真的知道
日子再不是口香糖一般
耐嚼　（當然也不能
　　一吐了事）

㈢
解開一個鈕扣而已
你說人生的塑造
只是通過三個指頭的撥動
荒謬而真實
在虛幻中微帶刻骨的酸楚
而所謂愛或情
何須用什麼顏色詮釋

至於那條來時路
曲曲折折

那個不時盤踞心頭的
念頭　也不必
放在什麼天秤上

你知道　你真的知道
酒不是為了解渴
而煙會散盡
面對一個小字
你發現自己永遠是
一個大字的一筆吧了

(四)

斜裏投來
這曲球
觸身竟是致命的
一擊

人生的殘局
就此結束

無所謂上飄球或下墜球
無所謂封殺或接殺
或三振出局
你——
未曾揮棒
更未曾上壘

紅塵

鬱鬱地
有懷戀的哀傷在胸際
在胸際有眼
有眼在探尋
有眼在眼中
在眼中有你
有你在眼中
你猶未誕生

猶未　在我的歲月中
以營築之音響喚醒
我在你眼中

猶似節奏尚未完成瞬息的藻麗
在琴弦　其間我展佈
我的旗在一方純粹的天宇
我的身軀是空蕩蕩的搖椅
在夏日廊下
我心中有支偃息的嗩吶
期待為你的蒞臨而奏響

猶未誕生
你猶未在我體內植根
我手挽滿地嫩綠尋訪你
有風的走姿在眼中
時間是軟軟的索橋
在湖面我鑑照我的純情
我鐫刻我的純情在水上
在水上　有你在波動

有淚的濡染在眼中
在眼中有你　你猶未誕生

哎老天　猶未
在你誕生之日以歡聲迎擁
我便在冷卻的程序中溶化
時間的腥臭填塞我心胸一片
空茫的絕壑　我是落葉
那些花卉的芬芳棄我在
砂矽的懷中我吶吶無言
我吶吶無言　你高高在上
你是遁形的石像
猶未在我的心中奠基

在眼中　有風的走姿在消失
在消失之際有燈在熄滅

在熄滅的瞬息有音響飄散
有飄散的幻影撞擊在胸際
在胸際有眼　有眼在閉起
有眼在閉起　有風在散失
有風在散失　有燈在熄滅
有燈在熄滅　有燈在熄滅

夜市中一男子

吃罷五元一碗粉圓冰
仍難溫兒時光景
再來一盤清冰吧
或一碗糯米甜粥
道地的江浙口味

木立著
在夜市的喧囂中
濁重的舊事堆胸口
年過四十的漢子
為什麼不喝它一瓶紅露

這般密集排列
上百種吃食
而你卻餓於
一個刻骨的相思

這夜晚
你來此尋找你的知覺
在暈眩中
尋找你的觸覺
在痙攣中
你來此　尋你的歌
在酒精燃燒的舌根苦澀中

一九九一年八月某日・莫斯科

微寒的早晨
退休教員的他躬著身
出了門
臉頰上那分黏濕
分不清是昨夜的淚
還是今晨的霜

秋天的感覺說不上好
倒也不壞
那批黑心肝的傢伙一下子倒了台
可真叫令人莫測
他教了四十年歷史真是白教了

此去紅場三百九十米
遠遠揚來擴音器的叫囂
催不動尼高斯基的腳步
畢竟是七十八歲的老人
在這巨大的驚變中
保持一片黑麵包在體內的熱量
要比徒然的狂喜更為重要

一輛坦克的殘骸仍冒著煙
聽鄰居娜娃說
前天午後投出第一個汽油瓶子的
居然是整年默默不語的小凡丁
哦兒子
這些年來我完全看錯了你

且不想這些

要緊的是怎麼穿越紅場的人堆
向前　再向前
向編號一七二三的國營商店
報到　低頭趸入長長的隊伍
摸摸褲袋裏的盧布
與配給卷　舒一口氣
再盤算盤算
一塊醃肉與一條燻腸
三磅黑麵包與一瓶伏特加

不不
這酒還是留待隆冬再喝吧
要不　總得等到
等到……

冥 想

欲作煙之翔舞
俯察大地的鏡溶化
在鏡中　亦溶化一具
猶未殭冷的骨骸
　那無翼的一隻
人形之鳥啊

登泰山詩

——登泰山而小天下乎？

山道上　殘雪兀自透白
我懊惱著　為什麼來遲一步
要不然通身裹雪
必能還給我滿心純然

冷風中只聽得沉沉步聲
松籟該不會為我奏響吧
伴我的喘息連連
在萬丈崖下
我尋找一個便於仰望的角度
望什麼呢？我不告訴你

俯身向前　爬
再爬　第九百九十九蹬石級
引我向上　向南天門的威儀
我屏息默然
忽然我伸手拾起　一絲茫然
是曾夢過的什麼嗎
不　我肯定它是
一個幻覺　跌成碎屑的
幻覺　竟有小小的一片
與千餘年前祭天的君王
生息相共

我知道
我與那君王都無力挽天
而天下之大
我只求一角容身

老龍渡口的梢公

花花的小曲兒哼著
旱煙桿滋滋的吸著
沒什麼心事可想
老梢公閒得發慌

聽膩了老龍渡的嘶吼
白浪翻天的日子慣了
也厭了　卻摔它不掉
一壺酒配幾粒花生米
尖起鼻子聞著打老遠
飄來的驢肉香味
呵欠連連的老梢公
鯉魚一般的躍身起

奔向埋在煙塵中的市集
再來一壺燒刀子
配二斤驢肉
老梢公的春天就這麼
輕巧的回到身邊
話匣子一開
往事像河水暢流

「什麼大將軍威風八面
到了俺的船上
他兩腿發顫
……
大人物沒什麼稀罕
上了船還不是臉色蒼白
……」

眉飛色舞中
老梢公醉得比誰都清醒
他心裏明白
六十年的擺渡生涯
只寫在　一片蒼茫中
我悄悄的來
落葉一般的過客
來請他渡過
千年風塵
去尋大河的歸宿

後記：陝西佳縣老龍渡，為一千年的渡口，老梢公孫萬年，七十七歲，在他六十餘年擺渡生涯中，渡過無數眾生，其中包括周恩來、朱德、胡宗南、賀龍等人。我在螢光幕上得識老梢公，頗有所感，乃有此詩。

外婆的手

垂落如天鵝之翅
外婆的手緩緩地
緩緩地顫動
如大提琴的一個低音
在我的慕想裏
莊嚴地奏響生命終曲

早已入土化灰的
外婆的手
有一根一根青筋
一個一個老繭
在我記憶裏
成為我的引路燈

家　書

屏息　噤聲
讀家書
一遍不夠又一遍
又一遍一遍
總究要流出的淚
就決堤了

那黑字
一粒一粒從紙面
跳出　子彈一般
打入我心坎
總究要呼出的一聲痛

就崩裂了
爾後是痲木
一片灰暗
罩下來
我愕然　呆立
總究要問出的一句話
卻梗在喉頭

附記：接獲親人的家書，竟在四十年後，我能不如此嗎？

流到天涯的一滴淚

好不容易　我張開
被鎖了幾千個日子的
嘴　說：
「啊　天藍得好藍！」

這時候　那一滴
一滴又一滴　忍了又忍的
淚　流呀流呀流向
失去方向的天涯

天的確藍得好藍
在海的那一端

這好藍好藍的藍天
是屬於每個人的

好不容易　被鎖了
幾千個日子的一滴淚
流了出來　純白的
一滴流到天涯的淚

母親的嫁妝

半頁家史
閃著暗紅的微光
無言地　允我
含淚的眼去讀

鑲了些貝片
（我彷彿嗅聞到
　家鄉的海風與魚腥）
這口紅木櫃的立姿
昂昂然　猶若我
不折腰的家人

它會不會認出我來
母親的嫁妝
家史的一個片段
留有我小小的指紋
如今已更深　更深的
與木紋溶為一個字：
愛

小記：九月八日抵出生地杭州，在弟弟家看到上一代留下的唯一遺物——一口鑲貝片的紅木櫃子，有感而作。

我是誰

——寫給魏京生及他的伙伴

春風不度天安門
五月天
解凍令還鎖在那人的心頭
中南海一片煙漫
整個大地都沉在霧中
濃濃的霧冷冷澀澀
誰也看不清誰的臉
是怎麼一種木然

我看清自己了嗎
不　我只知道自己還活著
呼吸著而已　在五月

天不藍　山不清
我埋在濃霧中
一片冷澀緊裹我
我尋思著　從那裏來
到那裏去　我是誰

在卑污的生存到聖潔的死亡的行程裏
　　　　　　　　　　　　　　我是誰
在垂翅而又懸想不斷振飛的每一時辰
　　　　　　　　　　　　　　我是誰
在靈魂的衣衫綴滿芒刺的生活的空間
　　　　　　　　　　　　　　我是誰
在一次一次數著活過而未死透的日子
　　　　　　　　　　　　　　我是誰

我是誰

死於一種暴力的是我的信仰
我是誰
惑於一種謊言的是我的夢幻
我是誰
僵於一種禁制的是我的生命
我是誰
碎於一種摧殘的是我的心靈

在五月　我聞到腐草的氣息
難道這就是我探索的意義嗎
那人曾給了我一些什麼
紅幔映天　我想看見的
不該是一線溫煦的藍色嗎
在我靈魂的窗口
一線天藍匯集所有事物的精粹
欲將我喚醒

啊　一線天藍
就是這麼肯定
我尋找你像稻穗尋找
將之煉成黃金的風
我尋找你像花朵尋找
將之釀為密汁的風
吹來吧　如果我是泥土
　　請犁植我
吹來吧　如果我是河流
　　請濬通我

風哦　如果我日日高舉而又
垂落於一巨大空白中的雙手
能成為樹的一枝一葉
請綠我為春天的一個片段

吹來吧　自藍色天際吹來
在一切事物之上
溫煦的風　表徵著
生命的真實
引領我舉手　投足
怎樣去擁抱　我的族人

請孵我們為芽
千根緊抓溫暖的大地

同溫層

自己篇

日復一日的頂禮
一無相之神
瞳孔中　浮華蛻盡
靈的吶喊凝匯為一脈清流
專注　而
深情

遙遙君父之城邦
諸琴輕奏
我以天為鏡
鑑照生命的運行

是什麼聲音交織
網住了一片蒼翠
　　薔薇不展
　比翼不飛

青山綠水中
舉目唯見荒煙的迷漫
　　　　　食肉獸
結隊而行　慾之潮汐在體內
湧動　食料為粗鄙的胃壁
　　脂粉為起皺的容顏
晝與夜交替敲響
這人世的萬年鼓：咚咚
　　　　　　　　咚咚

我在其中

在可觸的大地與可望的藍天之間
肌膚上鍍有
鋼鐵的冷冽
為了我必須力爭上游

泅泳向前

在鼓聲中我奮力拼爭
頃刻間　肉裂肢斷
　　　　骨折血崩
又一次儀式黯然完成

我仍須泅泳向前
仍須漠然吞吐著
一種曖昧的芬芳
　來自刀光
　　劍影中

泅泳著　我試以多血筋的手
抓住岸　試以腳
猛蹴無底的河床
而我抓住的
卻是歷史的蒼老迴響
斑斑血痕中
我蹴及一方愚昧的
頑石

在無水的長河游著
我胸懷石卵
　這人世不解的謎
游向你
游向燦燦的天庭
若心在南極
則我將立足于北

發音于西
手舞足蹈在東方

游向一片暖暖的水中
我胸懷的石卵必孵化為蛹

母親篇

㈠

當人世情愛開始冷凝
目光觸及事物的真象
我始知你身之所在
是一方蒼茫天宇
星非飾物雲非衣

記憶中你的身影仍如此完美
而我整日慵懶如冬日田畝
有時我或有飢渴之瞭望
以一種呼求的聲韻
陣陣叩擊你我間那局限之界

昔日你曾以溫婉的笑語慰我

以風的吹拂陽光的投射
猶似我是一片沙丘一株樹
我是你生命的萬千化身
晝夜繫於你愛的軟索

而今你深深潛隱
當我尋覓的翅翼折斷便成秋露
是冰冷的哀傷於大地的心胸
為此你遂有悲鳴之聲
時刻穿行在我信望的上空

(二)
是一夜溫柔的月光灑落
我心胸一個泉源復活
坦朗的空中我的靈魂是輕絮
星的閃爍是我的千言萬語

我是你永遠的子嗣

一切形象在流轉
流向你　流向多刺的歲月
舊時的歡情在疾風中
寸寸碎斷　我突聞一聲轟雷
怎知那是我心中巍巍城堡的崩裂

就那樣在一叢濃煙深處
你無告的手勢垂落
眼前驟然關閉生命的歡愉
食屍鳥盤迴不去
我遂成枯立的蘆葦

而我不知悲秋的意義
月圓時我仍仰臉看

天空的一張甜餅
不知水晶無價與雲天崇高
我猶在夢中期待你摘星歸來

(三)

旋轉旋轉著憶念的輪軸
在擁擠的路上我頻頻呼喊
豈僅是一種稱謂之交通
是血的濡染與愛的披浴
你握星的手必仍伸向我

而我在同溫層外
不燃香燭亦不供素果
遙聽君父之城邦
諸琴輕奏聲中你在低喚
你以血深烙在我體內的名

我恒在回歸
回歸燦燦的天庭
長河的兩岸煙塵滾滾
在那路上我不再受惑
我是清澈的水流以全速奔行

我必歸向你
接受你的撫慰猶似樹接受風
於此時刻我願是一朵小花
我願我是純粹的品質等待鑑賞
仰望之際喃喃地呼喚：母親呀母親

父親篇

風息時我思念一瘦影峭立
曳著月色在荒野邊地
夢中的江南是一葉棄舟
汪汪的海棠湖面已不再流出
被叫做歡樂的水

髮白齒搖了啊
我胸羅四海的父親
今夜你棧泊何鄉
我想你目光仍銳利如刀
髮白絕非你樹起的降幡

雪埋的歲月
滿眼的蒼茫令人目盲

卻不能令你志消
你體察零度下的溫熱
把心思投向遠遠海上

我思念中的父親
昔日你曾是鐵器一具
火花飛濺中
你鑄造自己
也鍛我以你千鈞之力

聯繫著先祖的囑望
你從一個個厚植的腳印走來
走在七十年寸斷的歲月
在季節與季節的荒塚間
撒血的種籽

不為姓氏的榮崇
浸於彈雨中的你的名
烙印在我的體內
父精母血啊
我是你生生不息的標誌

告我以家國傷痕
哺我以熱愛血忱
哦　我思念中的父親
如今我已是一磚一瓦
等待著再造巍巍中華

父親父親　我將傳送春訊給邊野
予你以全心的禱祝
在島上　我忙於錘造自己
以便你指觸的辨認

歲月篇

多麼清脆的呼喚之聲
源自那日出之地
時光啊　一柄燦亮的匕首
鋒刃耕作我肉質土壤
你收穫血色五穀

徐徐地一種迴響騰逸
自我溫熱的體內
為你曾犁我植我
且將不斷的犁植
我回報你以生命的堅實

你可曾嗅及
一首歌在口腔內

是怎樣一種花香
是風的甜意濡染我
我將輕唱如枝葉撲簌

時光啊　當我觸及你
我便在滴滴熔化
你是那巨大熔爐
恒以萬物為燃料
復賦予萬物各自的形

守著你　我總將回歸
而在回歸時我將擂動
大地的鼓
猶似我常以思念擂動
那煙波浩渺的遠方

那遠方曾烙下我放牧的影子
曾使我夢碎
時光啊　如今我完好如昔
我恒在守望
總將蒞臨的生之完成

辛鬱書目

一	軍曹手記	詩集	藍星詩社	一九六〇年十一月一日
二	未終曲	小說集	商務印書館	一九六九年五月十二日
三	不是鴕鳥	小說集	十月出版社	一九六九年十月十日
四	作家的成長	人物專訪	華欣出版社	一九七〇年五月四日
五	地下火	小說集	陸軍出版社	一九七四年十月
六	我給那白癡一塊錢	小說集	天華出版社	一九七八年五月一日
七	辛鬱自選集	小說、雜文、詩	黎明文化公司	一九八〇年六月
八	豹	詩集	漢光出版公司	一九八八年九月
九	因海之死	詩集	尚書出版社	一九九〇年四月十五日
一〇	在那張冷臉背後	詩集	爾雅出版社	一九九五年五月二十日
一一	辛鬱世紀詩選	詩集	爾雅出版社	二〇〇〇年五月
一二	辛鬱四書	小說、雜文、詩	文史哲出版社	二〇〇三年七月

辛鬱年表

一九三三年　六月十三日（農曆）出生於浙江省杭州市，原籍浙江省慈谿縣，本名宓世森。
一九四八年　六月逃家從軍。
一九五〇年　輾轉到達台灣，其間曾在舟山參與「登步戰役」。
一九五一年　認識詩人沙牧，學習寫作。
一九五五年　加入紀弦發起的「現代派」，同時認識詩人洛夫、張默、瘂弦、楚戈、鄭愁予、商禽、向明等。
一九五六年　隨軍赴金門，開始寫小說。認識一夫、梅新、魯蛟、尉天驄等詩人。
一九五八年　參與金門八二三砲戰，詩風轉變。
一九六〇年　出版詩集「軍曹手記」，年底再赴金門，認識丁文智、大荒、管管等詩人。

一九六五年　大病初癒，與秦松、李錫奇、楚戈等發起舉辦第一屆現代藝術季。

一九六六年　加入「前衛」月刊任編委。

一九六八年　與羅行、丁文智等合辦「十月出版社」，出版「決鬥」、「從文自傳」等文學叢書二十二種。

一九六九年　小說集「未終曲」及「不是鴕鳥」出版。六月退伍，自謀生活。

一九七〇年　與科學教育工作者李怡嚴、楊國樞、劉源俊等創辦「科學月刊」。十月與張孝惠女士結婚。

一九七一年　任「創世紀」詩刊編委。

一九七三年　任「人與社會」雜誌主編。

一九七四年　長子秉中出生。任「中國現代詩獎」評審委員。

一九七六年　與詩人羊令野、洛夫等共十人，應邀訪問韓國。

一九七七年　任「十大詩人、小說家、散文家選集」編委及「八十年代詩選」編委。

一九七八年　出版小說集「我給那白癡一塊錢」。為民族晚報寫專欄。

一九七九年　赴韓國參加「第四屆世界詩人大會」。重返「科學月刊」工作。
一九八〇年　六月出版「辛鬱自選集」及小說集「地下火」。
一九八二年　編輯「科學月刊叢書」，凡六十冊。
一九八四年　任「國中生」月刊社長兼總編輯。
一九八五年　任「創世紀詩選」編委。
一九八七年　二月，與洛夫、張默、向明、管管等訪菲律賓，參加「現代詩研討會」。
一九八八年　九月，詩集「豹」出版。赴大陸探親，並與洛夫、管管、張默、張堃、碧果、商禽等齊集北京，與數十位大陸詩人會面，舉行座談會及朗誦會。
一九九〇年　四月，詩集「因海之死」出版。
一九九四年　八月，與商禽、楊平合編「創世紀詩選」第二集（一九八四至一九九四），由爾雅出版社印行。
一九九五年　五月，詩集「在那張冷臉背後」出版。任「創世紀詩社」社長。

一九九六年　十一月，因詩集「在那張冷臉背後」獲「中山文藝獎」。

一九九七年　任「創世紀詩社」總編輯。

一九九八年　完成編輯「重點科技簡介」叢書共八輯九十六冊。

一九九九年　自「科學月刊社」退休，改任顧問。

二〇〇〇年　出版「辛鬱世紀詩選」（爾雅版）。任「創世紀詩社」顧問。

二〇〇二年　六月，與向明、張默、商禽、碧果、管管在「時空廣場」舉辦詩畫展。

二〇〇三年　六月，出版「辛鬱四書」（長篇小說「龍變」、短篇小說選集「鏡子」、雜文選集「找鑰匙」、詩選集「我的演出」）。